Stollen, Kipferl & Co.

Klein, süß, klassisch

Die Großen fürs Fest

Einfach schnell

Verschenken oder vernaschen ?

Klein, süß, klassisch

Die Klassiker unter den Plätzchen, die jedes Jahr immer wieder gut sind und ohne die Weihnachten nicht stattfinden kann.

Zimtsterne

Für etwa 40 Stück:

3 Eiweiße
200 g Puderzucker
1 Päckchen Vanillinzucker
400 g gemahlene Mandeln
2 TL Zimtpulver

Für das Backblech:
Backpapier

Zubereitungszeit:	1 Std.
Ruhezeit:	30 Min.
Backzeit:	25 Min.
Bei 40 Stück ca.:	80 kcal

1 Die Eiweiße steif schlagen, dabei den Puderzucker und den Vanillinzucker nach und nach dazugeben. Etwa 1 Tasse von dem Eischnee abnehmen und kühl stellen.

2 Unter den restlichen Eischnee 300 g Mandeln und das Zimtpulver heben. Den Teig zugedeckt etwa 30 Min. kühl stellen.

3 Das Backblech mit Backpapier belegen. Den Backofen auf 150° vorheizen.

4 Die Arbeitsfläche mit den restlichen Mandeln bestreuen und den Teig darauf etwa 7 mm dick ausrollen.

5 Einen Sternausstecher in kaltes Wasser tauchen, einen Stern damit ausstechen und auf das Backblech setzen. So fortfahren, bis der ganze Teig verbraucht ist. Die Sterne dünn mit dem restlichen Eischnee bestreichen.

6 Die Zimtsterne im Backofen (Mitte, Umluft 130°) 25 Minuten backen. Die abgekühlten Zimtsterne bewahren Sie am besten in einer gut schließenden Blechdose auf.

Vanillekipferl

Für etwa 50 Stück:

Für den Teig:
200 g Mehl
50 g Puderzucker
150 g kalte Butter
70 g geriebene Mandeln

Zum Bestreuen:
125 g Puderzucker
5 Päckchen
Vanillinzucker

Für das Backblech:
Backpapier

Zubereitungszeit: 45 Min.
Backzeit: 20 Min.
Bei 50 Stück ca.: 62 kcal

1 Das Mehl auf die Arbeitsfläche sieben. In die Mitte eine Vertiefung drücken und den Zucker hi-neingeben.

2 Die Butter in kleine Würfel schneiden. Butter zusammen mit den Mandeln zum Mehl geben. Alles rasch zu einem glatten Teig kneten.

3 Das Backblech mit Backpapier auslegen. Den Backofen auf 160° vorheizen. Aus dem Teig kleine Kipferl formen und auf das Backblech legen. Im Backofen (Mitte, Umluft 140°) 15–20 Min. backen.

Butterplätzchen

Für etwa 60 Stück:

250 g Mehl
75 g Zucker
1 Prise Salz
2 TL Vanillinzucker
1 Ei, 125 g Butter

Zum Verzieren:
150 g Puderzucker
2 EL Zitronensaft
1 EL weißer Rum
(ersatzweise
Wasser)
1 EL Kakaopulver
2 EL Zuckerstreusel
25 g klein gehacktes
Zitronat

Für das Backblech:
Butter

Vorbereitungszeit:	45 Min.
Ruhezeit:	1 Std.
Backzeit pro Blech:	10 Min.
Bei 60 Stück ca.:	52 kcal

1 Das Mehl mit Zucker, Salz, Vanillinzucker, Ei und Butter rasch zu einem glatten Teig verkneten. Den Teig 1 Std. kühl stellen.

2 Das Backblech mit Butter fetten. Den Back-ofen auf 200° vorheizen.

3 Den Teig portionsweise etwa 3 mm dick ausrollen und beliebig aus-stechen. Die Plätzchen im Backofen (Mitte, Umluft 180°) 10 Min. backen.

4 Die Hälfte des Puderzuckers mit dem Zitronensaft, die andere mit dem Rum und dem Kakao zu einer dickflüssigen Glasur verrühren.

5 Jeweils die Hälfte der Plätzchen mit einer der Glasuren bestreichen. Die dunklen Plätzchen mit Zuckerstreuseln, die hellen mit Zitronat bestreuen.

Luisenlebkuchen

Für etwa 30 Stück:

2 Eier
200 g Zucker
3 TL Zimtpulver
1/2 TL gemahlener Kardamom
1 Msp. gemahlene Nelken
1/2 TL abgeriebene Zitronenschale
von einer unbehandelten Frucht
1 Prise Salz
200 g gemahlene Mandeln
50 g klein
gehacktes Orangeat
100 g Mehl
1/2 TL Backpulver
30 Backoblaten von 4 cm Ø
75 g Puderzucker
1 EL Zitronensaft
50 g Zartbitter-Kuvertüre
je 1 EL gehackte
Pistazien und Mandeln

Zubereitungszeit:	40 Min.
Ruhezeit:	1 Std.
Backzeit pro Blech:	20 Min.
Bei 30 Stück ca.:	120 kcal

1 Die Eier mit dem Zucker schaumig schlagen. Gewürze, Zitronenschale, Salz, Mandeln und Orangeat untermischen. Das Mehl mit dem Backpulver darüber sieben und mit der Eimasse verrühren.

2 Oblaten auf das Backblech legen. Teighäufchen darauf setzen und mit einem feuchten Messer kuppelartig streichen. 1 Std. ruhen lassen. Backofen auf 175° vorheizen.

3 Lebkuchen im Back-
ofen (Mitte, Umluft 150°)
20 Min. backen.

4 Den Puderzucker mit
dem Zitronensaft verrüh-
ren. Kuvertüre schmelzen
lassen.

5 Jeweils die Hälfte der Lebkuchen mit einer der Glasuren
bestreichen. Die dunklen Lebkuchen mit den Mandeln, die
hellen mit den Pistazien bestreuen.

Spekulatius

Für etwa 50 Stück:

450 g Mehl
250 g Zucker
50 g gemahlene Mandeln
1 TL Zimtpulver
1 TL gemahlene Muskatblüte
Salz
80 g kalte Butter
1 Ei
5 Tropfen Bitter-
mandelaroma
100 ml Milch

Für das Backblech:
Butterschmalz
150 g gehobelte
Mandeln

Außerdem:
Küchengarn

Zubereitungszeit: 1 Std.
Ruhezeit: 1 Std.
Backzeit pro Blech: 10 Min.
Bei 50 Stück ca.: 90 kcal

1 Das Mehl, den Zucker, die Mandeln, den Zimt, die Muskatblüte und 1 Prise Salz in eine Schüssel geben. Die Butter klein schneiden und darauf verteilen. Das Ei, das Mandelaroma und die Milch hinzufügen. Alles zu einem glatten Teig verkneten und zugedeckt 1 Std. kühl stellen.

2 Das Backblech leicht fetten und mit den gehobelten Mandeln bestreuen. Den Backofen auf 180° vorheizen.

3 Den Teig portionsweise auf einen Spekulatiusmodel drücken und ein Stück Küchengarn

zwischen Holz und Teig durchziehen. Den Teig aus der Form auf das Backblech klopfen. Auf diese Weise den gesamten Teig verarbeiten.

4 Die Spekulatius im Backofen (Mitte, Umluft 160°) in 10 Min. goldgelb backen.

Tipp

Die abgekühlten Spekulatius lagern Sie am besten in einem Karton, der mit ein paar Luftlöchern versehen ist.

Sie können den Teig auch mit einer Spekulatiusrolle ausstechen. Oder Sie verwenden die üblichen Ausstechformen und drücken anschließend mit einem Stäbchen Linien in die Oberfläche. Dafür den Teig etwa 5 mm dick ausrollen.

Baumkuchenecken

Für etwa 30 Stück:

Zubereitungszeit: 2 Std.
Kühlzeit: 10 Std.
Backzeit: 25 Min.
Bei 30 Stück ca.: 240 kcal

1 Sahne und Zucker aufkochen. Kuvertüre und Nougat darin auflösen. Butter und Eigelb unterrühren. Füllung 8 Std. kühl stellen.

2 Backofen auf 240° vorheizen. Blech mit Backpapier auslegen. Für den Teig Butter mit Speisestärke verrühren. Marzipan klein schneiden, mit Muskatblüte und Zitronenschale zur Buttermasse geben. Alles schaumig rühren.

3 Eier trennen. Eigelbe mit der Hälfte des Zuckers cremig aufschlagen, Mehl unterrühren. Eiweiße mit Salz und dem

Für die Füllung:
200 g Sahne
1 EL Zucker
100 g Zartbitter-Kuvertüre
100 g Nougat
1 EL Butter, 1 Eigelb

Für den Teig:
150 g weiche Butter
70 g Speisestärke
50 g Marzipanrohmasse
1 Msp. gemahlene
Muskatblüte
abgeriebene Schale von
1/2 unbehandelten Zitrone
8 Eier
170 g Zucker, 60 g Mehl
1 Prise Salz

Für die Glasur:
300 g Zartbitter-Kuvertüre
40 g gehackte Pistazien

Für das Backblech:
Butterschmalz

Rest Zucker zu Schnee schlagen. Butter- und Eigelbmasse miteinander verrühren. Eischnee vorsichtig unterheben.

4 Ein Fünftel des Teigs auf das Blech streichen und im Backofen (oben, Umluft 220°) in 5 Min. goldgelb backen. Das nächste Fünftel Teig auf die erste Schicht streichen und 5 Min. backen. Diesen Vorgang noch dreimal wiederholen.

5 Baumkuchen auskühlen lassen, stürzen und das Papier abziehen. Den Kuchen in zwei Hälften schneiden.

6 Die Füllung im Wasserbad schaumig rühren. Teigplatte mit der Füllung bestreichen, die andere Hälfte darauf setzen. Den Baumkuchen 2 Std. kühl stellen.

7 Kuvertüre schmelzen. Kuchen in 5 x 5 cm große Quadrate schneiden und dann diagonal teilen. Mit Kuvertüre überziehen und mit Pistazien bestreuen.

Bratäpfel

Für 4 Portionen:

4 große aromatische Äpfel
3 EL Honig
2 EL gehackte Mandeln
etwas Zimt
1 EL Butter

Für die Form:
Butter

Zubereitungszeit: 20 Min.
Backzeit: 40 Min.
Pro Portion ca.: 150 kcal

1 Eine Auflaufform mit Butter einfetten. Den Backofen auf 180° vorheizen. Die Äpfel waschen und das Kerngehäuse mit einem Apfelausstecher herausschneiden.

2 Den Honig in einem Topf erhitzen. Die Mandeln, etwas Zimt und die Butter unterrühren. Die Äpfel mit der Honig-Mandel-Masse füllen.

3 Die Äpfel in die Auflaufform setzen und im Backofen (Mitte, Umluft 160°) 40 Min. backen. Noch heiß servieren.

Tipp

Zu Bratäpfeln passt eine Kugel Vanilleeis, Vanillesauce oder Schlagsahne mit etwas Vanillezucker gesüßt.

Variante

Eine Füllung aus getrockneten Aprikosen, gehackten Walnüssen und etwas Sahne ist eine gesunde Abwechslung.

Mohnstriezel

Für 1 Striezel:

Zubereitungszeit: 45 Min.
Ruhezeit: 1 Std.
Backzeit: 45 Min.
Bei 20 Stück pro Stück ca.:
290 kcal

Für den Hefeteig:
500 g Mehl
1 Würfel Hefe (42 g)
75 g Zucker
200 ml lauwarme Milch
1 Prise Salz, 1 Ei
75 g weiche Butter

Für die Füllung:
200 ml Milch
250 g gemahlener Mohn
30 g Grieß
100 g Zucker
100 g Rumrosinen
**1 TL abgeriebene Schale
einer unbeh. Zitrone**
50 g gehackte Walnüsse

Zum Bestreichen:
3 EL Aprikosenkonfitüre

Für das Backblech:
Butter

Für die Arbeitsfläche:
Mehl

1 Das Mehl sieben, in die Mitte eine Mulde drücken. Hefe hineinbröckeln und mit 1 TL Zucker, 5 EL Milch und etwas Mehl zu einem Vorteig verrühren. An einem warmen Ort zugedeckt 15 Min. gehen lassen.

2 Restlichen Zucker, Salz, Ei, Butter und Milch hinzufügen. Alles zu einem glatten Teig verkneten, zugedeckt 45 Min. gehen lassen.

3 Für die Füllung Milch aufkochen, Mohn, Grieß, Zucker, Rumrosinen, Zitronenschale und Walnüsse unterrühren, 10 Min. quellen lassen. Ein Backblech fetten.

4 Hefeteig durchkneten, auf einer bemehlten Arbeitsfläche zu einem etwa 30 x 35 cm großen Recht-

eck ausrollen. Die Füllung darauf nicht ganz bis zum Rand verstreichen. Striezel von der Längsseite her aufrollen und mit der Nahtstelle nach unten auf das Blech legen. Bedeckt 20 Min. gehen lassen.

5 Den Backofen auf 180° vorheizen. Den Striezel in etwa 45 Min. (Mitte, Umluft 160°) goldbraun backen. Konfitüre erhitzen und den heißen Striezel damit bestreichen.

HIER

Weihnachtseistorte

Für 1 Sternform (Ø 26 cm):

400 g Sahne
5 frische Eigelbe
2 EL Puderzucker
75 g Zartbitter-
Schokolade
50 g Vollmilch-
Schokolade
2 TL Spekulatiusgewürz
200 g Mandel-
spekulatius
Saft von 2 Orangen
Schokoröllchen
zum Verzieren

Zubereitungszeit:	25 Min.
Kühlzeit:	6 Std.
Bei 12 Stück ca.:	280 kcal

1 Die Sahne steif schlagen. Eigelbe mit dem Puderzucker im warmen Wasserbad dickschaumig rühren.

2 Die Schokoladensorten in Stücke brechen und in der warmen Eiermasse schmelzen. Das Spekulatiusgewürz untermischen. Die Eiercreme leicht abkühlen lassen und die Sahne unterrühren. Die Masse in die Form füllen. Zugedeckt 2 Std. tiefkühlen.

3 Die Spekulatius in einem Gefrierbeutel fein zerbröseln. In einer Schüssel mit dem Orangensaft tränken und die Masse auf der angefrorenen Eistorte verteilen. Die Torte weitere 4 Std. tiefkühlen.

4 Die Form vor dem Servieren kurz in heißes Wasser tauchen, die Torte auf eine Platte stürzen und die Mitte mit Schokoröllchen verzieren.

Tipp

Wer keine Sternbackform hat, friert die Eiscreme in einer Springform ein. In der Größe dieser Form eine Sternschablone anfertigen und damit aus der geeisten Torte einen Stern ausschneiden.

Knusperhaus

Für 1 Häuschen:

Zubereitungszeit:	2 Std.
Ruhezeit:	2 Tage
Backzeit:	15 Min.
Pro Haus ca.:	6400 kcal

Für den Teig:
50 g Butterschmalz
300 g Honig
300 g Rübensirup
300 g Roggenmehl
400 g Mehl + Mehl für
die Arbeitsfläche
30 g Lebkuchengewürz
1 Prise Salz
1 TL Pottasche
2 TL Hirschhornsalz

Zum Dekorieren:
3 Eiweiß, 100 g Zucker
2 EL Zitronensaft
250 g Puderzucker
80 g Zartbitter-Kuvertüre
Bonbons, Plätzchen,
Mandeln, Nüsse

Für das Backblech:
Butterschmalz

1 1/8 l Wasser mit Butterschmalz, Honig und Sirup unter Rühren erhitzen. Abkühlen lassen, mit beiden Mehlsorten, Lebkuchengewürz und Salz verkneten. Teig zugedeckt 2 Tage ruhen lassen.

2 Backblech fetten, Backofen auf 200° vorheizen. Pottasche und Hirschhornsalz je mit 1 EL Wasser verrühren und in den Teig kneten.

3 Auf der bemehlten Arbeitsfläche ein Drittel des Teigs 8 mm dick ausrollen. Mit einem Teller als Schablone einen Kreis von 25 cm Ø als Bodenplatte ausschneiden.

Restlichen Teig ebenfalls 8 mm dick ausrollen. Beide Teigstücke nacheinander auf das Blech geben. Mit einer Gabel mehrmals einstechen, Teig im Backofen (Mitte, Umluft 180°) 10–15 Min. backen. Danach sofort mit kaltem Wasser bepinseln.

4 Mit Hilfe eines Lineals oder einer Schablone aus der Platte jeweils zwei Dachteile von 19 x 15 cm und zwei gleichschenklige Dreiecke mit einer Seitenlänge von 19 cm schneiden. In eines der Dreiecke 2 Fenster und 1 Tür schneiden. Aus den Resten 1 Tür und 4 Fensterläden, Schornstein, Bäume und 1 Zaun ausschneiden.

5 Aus den Eiweißen, Zucker, Zitronensaft und 200 g Puderzucker steifen Schnee schlagen. Masse in einen Spritzbeutel geben. Eischnee auf die Kanten der Hausteile spritzen, Häuschen damit zusammenkleben. Trocknen lassen, dann Fensterläden, Tür, Baum und Zaun ankleben. Mit dem restlichen Eischnee Giebel und Dachkanten dekorieren.

6 Mit der geschmolzenen Kuvertüre die Dekoration ankleben. Den restlichen Puderzucker über das Hexenhäuschen stäuben.

Einfach schnell

Vielleicht die Klassiker von morgen, die viel Zeit zum Genießen und für die Weihnachtseinkäufe lassen.

Rudi's Muffins

Für etwa 12 Stück:

Für den Mürbeteig:
250 g Mehl
50 g Zucker
100 g Butter

Für die Füllung:
150 g Marzipan-
rohmasse
50 g Butter
3 Eier
3 EL Mehl
1/2 TL Backpulver

Zum Garnieren:
Schoko- oder
Marzipanfiguren

Für die Backform:
Fett

Vorbereitungszeit: 25 Min.
Backzeit: 20–25 Min.
Bei 12 Stücken ca.: 270 kcal

1 Den Backofen auf 180° vorheizen. Die Vertiefungen eines Muffins-Blechs einfetten und das Blech 10 Min. in den Gefrierschrank stellen. Bitte keine Papier-Backförmchen verwenden.

2 Das Mehl in eine Schüssel geben und mit dem Zucker gut vermischen. Die Butter in Flöckchen darüber verteilen. Mit einem Messer bröselig hacken und dann mit kalten Händen verkneten.

3 Den Mürbeteig in den Blech-Vertiefungen verteilen und mit einem Löffel eine Mulde hineindrücken. Kalt stellen.

Für die Füllung die Marzipanrohmasse in kleine Stücke schneiden. Die Butter schaumig rühren und das Marzipan dazugeben. Ein Ei nach dem anderen unterrühren, dann Mehl und Backpulver hinzufügen. Die Füllung in die Mulden geben.

4 Im Backofen 20–25 Min. backen. Im Backblech 5 Min. ruhen lassen, dann aus den Förmchen nehmen und auf einem Kuchengitter abkühlen lassen. Mit Schoko- oder Marzipan-Figuren dekorieren.

33

Schokowürfel

Für etwa 120 Stück:

600 g weiche Butter
400 g Zucker
4 Eier
2 EL Rum
5 EL Kakaopulver
350 g Kokosraspel
500 g Mehl
500 g Puderzucker
8 EL Milch

Für das Backblech:
Butter

Zubereitungszeit:	30 Min.
Backzeit:	20 Min.
Bei 120 Stücken ca.:	100 kcal

1 Den Backofen auf 180° vorheizen. 500 g Butter mit dem Zucker verrühren. Die Eier nach und nach unterschlagen, den Rum einrühren. 3 EL Kakao, 300 g Kokosraspel und das Mehl mischen und unterrühren.

2 Ein Backblech mit Butter fetten, den Teig darauf verstreichen. Im Ofen (Mitte, Umluft 160°) 20 Min. backen.

Morgen Kinder wird's was geben!

3 Puderzucker und restlichen Kakao sieben, mit Milch und übriger Butter verrühren. Die Paste auf den warmen Kuchen streichen, mit Kokosraspeln bestreuen. Den Kuchen in Quadrate von 3 x 3 cm schneiden.

Glühweinschnitten

Für etwa 100 Schnitten:

Zubereitungszeit: 25 Min.
Backzeit: 20 Min.
Bei 100 Stücken ca.: 50 kcal

Für den Teig:
250 g weiche Butter
125 g Zucker
1 Päckchen Vanillinzucker
4 Eier,
250 g Mehl
2 TL Backpulver
150 g Schokolade
1/8 l Glühwein

Für die Glasur:
250 g Puderzucker
4–5 EL Glühwein

Zum Bestreuen:
100 g gehackte,
gehäutete Mandeln

Für das Backblech:
Backpapier

1 Butter, Zucker, Vanillinzucker und Eier in eine Schüssel geben und schaumig rühren.

2 Den Backofen auf 180° vorheizen. Das Backblech mit Backpapier belegen.

3 Mehl und Backpulver zur Teigmasse sieben, die Schokolade dazureiben und den Glühwein dazugießen. Alle Zutaten zu einem glatten Teig verarbeiten. Den Teig auf das Blech streichen und mit einem Teigschaber glätten.

4 Im Backofen (Mitte, Umluft 160°) 20 Min. backen. Auf dem Blech auskühlen lassen.

5 Für die Glasur den Puderzucker mit dem Glühwein glattrühren. Die Teigplatte damit bestreichen und mit den Mandeln bestreuen. 1 Std. trocknen lassen. Dann in 3 x 4 cm große Schnitten schneiden.

36

Wir hätten ihn nicht zum Essen einladen sollen!

Zu Sylvester fliegt er raus!

zsss zss

37

Rosinenplätzchen

Für etwa 50 Stück:

100 g Rosinen
3 EL Rum (ersatzweise
heißes Wasser)
125 g weiche Butter
125 g Zucker
abgeriebene Schale
von 1/2 unbehan-
delten Zitrone
2 Eier
200 g Mehl
1/2 TL Backpulver
50 g gemahlene
Mandeln

Für das Backblech:
Backpapier

Zubereitungszeit:	30 Min.
Backzeit:	pro Blech 10 Min.
Bei 50 Stück ca.:	60 kcal

1 Die Rosinen 15 Min. in der Flüssigkeit ziehen lassen.

2 Die Butter schaumig schlagen. Zucker, Zitronenschale und die Eier hinzufügen und weiterschlagen.

3 Mehl mit Backpulver mischen und unter die Creme heben. Dann die Mandeln und die Rosinen dazugeben.

4 Den Backofen auf 180° vorheizen. Das Backblech mit Backpapier belegen. Mit zwei Teelöffeln walnussgroße Häufchen mit Abstand auf das Backblech setzen.

5 Die Rosinenplätzchen im Backofen (Mitte, Umluft 160°) 10 Min. backen.

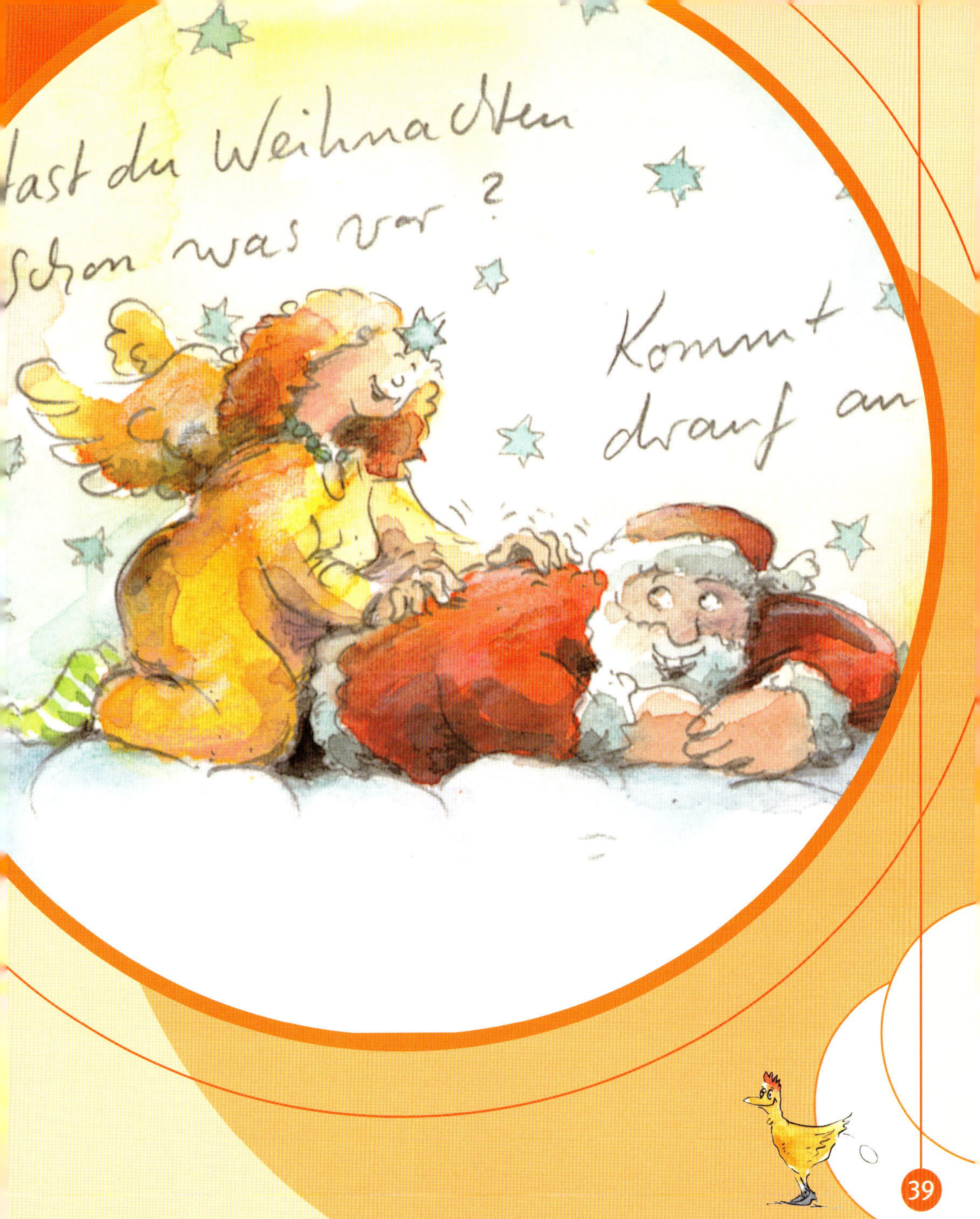
ast du Weihnachten
Schon was vor ?
Kommt
drauf an

Dattelcookies

Für etwa 35 Stück:

250 g entsteinte
getrocknete Datteln
125 g Butter
250 g kernige Haferflocken
2 Eier
100 g Zucker
1 TL abgeriebene Orangen-
schale (Fertigprodukt)
1 TL Backpulver

Für das Backblech:
Backpapier

Zubereitungszeit: 25 Min.
Backzeit: 15–20 Min.
Bei 35 Stücken ca.: 90 kcal

1 Den Backofen auf 180°
vorheizen. Ein Backblech
mit Backpapier belegen.

2 Die Datteln im Blitzhacker grob hacken. Die
Butter in einer Pfanne
schmelzen lassen. Die
Haferflocken unterrühren
und kurz anrösten. Die
Pfanne vom Herd neh-
men und die Haferflocken
leicht abkühlen lassen.

3 Die Eier mit dem Zucker, der Orangenschale
und dem Backpulver
schaumig rühren.

4 Die Haferflocken und
die Datteln unter die Ei-
masse heben.

5 Den Teig mit Hilfe von
zwei Teelöffeln als Häuf-
chen auf das Backblech
setzen.

6 Die Cookies im Backofen (Mitte, Umluft 160°)
15–20 Min. backen.

Uns schickt der Himmel!

Variante

Statt Datteln schmecken auch getrocknete Aprikosen sehr lecker.

Tipp

Tauchen Sie die Unterseite der Cookies in geschmolzene Schokolade!

Kokosmakronen

Für etwa 45 Stück:

400 g Marzipanrohmasse
250 g Puderzucker
1 Eigelb
5 Eiweiße
2 EL Zitronensaft
200 g Kokosraspel

Zubereitungszeit: 20 Min.
Backzeit: 20 Min.
Bei 45 Stücken ca.: 90 kcal

1 Den Backofen auf 170° vorheizen. Ein Blech mit Backpapier auslegen. Marzipanrohmasse, Puderzucker und das Eigelb mit den Knethaken des Handrührgerätes verkneten.

2 Die Eiweiße steif schlagen. Marzipanmasse, Zitronensaft und die Kokosraspel unterheben. Den Teig mit zwei Teelöffeln etwa walnussgroß auf das Blech setzen. Die Makronen im Backofen (Mitte, Umluft 150°) 20 Min. backen.

Variante

Wer keine Kokosraspel im Haus hat, bäckt Nussmakronen: Einfach die Kokosraspel durch gemahlene Wal- oder Haselnüsse ersetzen. Mit gemahlenen Mandeln gibt's Mandelmakronen und Schoko-Makronen werden es, wenn Sie zusätzlich 30 g ungesüßtes Kakaopulver unterrühren.

Schokoherzen

Für etwa 80 Stück:

1 Backmischung
Mürbteig (400 g)
1 Ei
125 g Butter
1/2 Fläschchen
Rum-Aroma
40 g ungezuckertes
Kakaopulver
Mehl zum Ausrollen

Für das Backblech:
Backpapier

Vorbereitungszeit:	20 Min.
Kühlzeit:	1 Std.
Backzeit:	10 Min.
Bei 80 Stücken ca.:	30 kcal

1 Aus Backmischung, Ei und Butter nach Packungsaufschrift einen Teig zubereiten, dabei das Rum-Aroma und den Kakao unterkneten. Der Teig soll etwas marmoriert wirken, deshalb den Kakao nicht völlig einarbeiten. Teig in Folie wickeln und 1 Std. kalt stellen.

2 Den Backofen auf 200° vorheizen. Ein Backblech mit Backpapier auslegen.

3 Teig auf etwas Mehl ausrollen und Herzen daraus ausstechen. Auf das Backblech legen und im Backofen (Mitte, Umluft 180°) 10 Min. backen.

Tipp

Schreiben Sie mit Zuckerschrift einen Gruß auf die Kekse. Oder schreiben Sie Namen darauf und verwenden Sie die Herzen als Tischkarten für eine große Kaffeetafel.

44

Mandelschnitten

Für etwa 40 Stück:

125 g Rosinen
125 g Korinthen
8 Eier
250 g Zucker
2 Päckchen Vanillinzucker
1/4 TL Zimt
1/4 TL gemahlener Ingwer
1/4 TL Piment
250 g gemahlene Mandeln
250 g gemahlene Haselnüsse

Für das Backblech:
Butterschmalz

Zubereitungszeit:	25 Min.
Backzeit:	20 Min.
Bei 40 Stück ca.:	140 kcal

1 Rosinen und Korinthen waschen und auf Küchenpapier trocknen. Das Backblech fetten. Den Backofen auf 175° vorheizen.

2 Die Eier mit dem Zucker, Vanillinzucker und den Gewürzen schaumig schlagen.

3 Nach und nach die Mandeln und die Haselnüsse, die Rosinen und die Korinthen darunter rühren.

4 Den Teig auf das Backblech streichen und im Backofen (Mitte, Umluft 160°) 20 Min. backen. Auf dem Backblech noch warm in Karos schneiden.

Verschenken oder vernaschen?

Feine Kleinigkeiten ohne Backen, um sich und anderen die Weihnachtszeit zu versüßen.

Marzipankartoffeln

Für etwa 60 Stück:

250 g Puderzucker
250 g gemahlene
gehäutete Mandeln
10 g bittere gemahlene
Mandeln
1 Eiweiß
1 TL Rosenwasser
1 TL Rum
2 EL Kakaopulver
60 Pralinen-
Manschetten

Zubereitungszeit: 25 Min.

Bei 40 Stück ca.: 42 kcal

1 Den Puderzucker sieben. Die Mandeln mit dem Puderzucker mischen.

2 Das Eiweiß leicht verquirlen. Das Rosenwasser, den Rum und nach und nach so viel vom Eiweiß unter die Mandel-Zucker-Mischung mengen, dass die Masse formbar, aber feucht ist.

3 Aus der Marzipanmasse kirschgroße Kugeln formen. Das Kakaopulver sieben und die Marzipankartoffeln darin wenden.

4 Die Marzipankartoffen in Pralinen-Manschetten anrichten und lagenweise zwischen Pergamentpapier in einer Dose aufbewahren.

Rumkugeln

Für etwa 30 Stück:

100 g Zartbitterschokolade
60 g Vollmilch-
Schokoladenstreusel
100 g weiche Butter
50 g Puderzucker
100 g gehäutete ge-
mahlene Mandeln
2 cl Rum

Zubereitungszeit:	1 1/2 Std.
Kühlzeit:	1 Std.
Bei 30 Stück ca.:	81 kcal

1 Die Schokolade im Blitzhacker sehr fein hacken. Die Schokoladenstreusel auf einen flachen Teller geben.

2 Die Butter mit dem Puderzucker cremig rühren. Die Mandeln, die Schokolade und den Rum dazugeben und unterrühren.

3 Mit den Händen aus der Schokoladenmasse kleine Kugeln formen und in den Schokoladenstreuseln wälzen. Die Rumkugeln auf ein Tablett legen und zum Festwerden 1 Std. kühl stellen.

Schokocrossies

Für etwa 20 Stück:

100 g Vollmilchschokolade
100 g Zartbitterschokolade
60 g Butter
20 g Kokosfett
1 Päckchen Vanillinzucker
100 g Cornflakes

Außerdem:
Backpapier

Zubereitungszeit:	15 Min.
Kühlzeit:	3 Std.
Bei 20 Stücken ca.:	103 kcal

1 Beide Schokoladensorten grob hacken. Die Butter mit dem Kokosfett in einem Topf bei schwacher Hitze schmelzen lassen. Vanillinzucker und gehackte Schokolade dazugeben und unter Rühren darin auflösen.

2 Den Topf von der Kochstelle ziehen. Cornflakes zu der Schokoladenmasse in den Topf geben und gut vermischen, bis die Cornflakes ganz mit Schokolade umhüllt sind.

3 Ein großes Tablett oder ein Backblech mit Backpapier auslegen. Mit zwei Teelöffeln 20 kleine Häufchen von der Cornflakes-Schokoladen-Mischung darauf setzen.

4 Die Schokocrossies an einem kühlen Ort in 3 Std. erstarren lassen (nicht im Kühlschrank), danach vom Blech lösen und kühl aufbewahren.

Tipp

Die fertigen Schokocrossies in eine gut verschließbare Dose füllen und kühl stellen. So halten sie sich etwa 2 Wochen frisch.

Schokoladentrüffel

Für etwa 50 Stück:

100 g Vollmilchschokolade
100 g Zartbitterschokolade
50 g weiße Schokolade
100 g Butter
150 g Puderzucker
1 EL Cognac
1 EL Kirschlikör
75 g Schokoladenstreusel

Außerdem:
50 Pralinen-Manschetten

Zubereitungszeit:	1 Std.
Ruhezeit:	6 Std.
Bei 50 Stück ca.:	62 kcal

1 Die Schokoladensorten zerbröckeln und im Wasserbad schmelzen lassen. Geschmolzene Schokolade aus dem Wasserbad nehmen und abkühlen lassen.

2 Die Butter in Flöckchen schneiden und mit dem Puderzucker, dem Cognac und dem Kirschlikör verrühren. Nach und nach die abgekühlte Schokolade unter die Buttermasse mischen.

3 Die Trüffelmasse in einen Spritzbeutel mit Sterntülle füllen und in Rosetten in die Pralinen-Manschetten spritzen.

4 Die Rosetten sofort mit den Schokoladenstreuseln bestreuen. Trüffel im Kühlschrank in 6 Std. fest werden lassen.

Trüffel
statt Rüffel!

Prost!

Prost!

Prost!

Prost!

Orangenlikör

Für etwa 1 Liter:

1 unbehandelte Orange
8 Gewürznelken
2 Sternanis
125 g weißer Kandis
1 Flasche Weizenkorn (0,7 l)
32 Vol.-%

Außerdem:
1 Einmachglas
(1 l Füllgröße)

Zubereitungszeit:	20 Min.
Reifezeit:	3 Wochen
Insgesamt ca.:	2200 kcal

1 Das Einmachglas heiß ausspülen. Die Orange unter heißem Wasser gründlich abwaschen und abtrocknen. Orange mit den Gewürznelken spicken.

2 Den Kandis in das Einmachglas geben. Die Orange und den Sternanis dazugeben und den Weizenkorn angießen. Das Glas verschließen.

3 Den Orangenlikör an einem warmen Ort 3 Wochen reifen lassen. Der Kandiszucker löst sich in dieser Zeit auf. Nach der Reifezeit den Likör in eine hübsche dekorative Flasche umfüllen.

Tipp

Die Orange können Sie auspressen und den Saft für Tee oder Punsch verwenden. Das schmeckt ganz köstlich!

Rezeptregister

Gasherd-Temperaturen

Die Temperaturstufen bei Gasherden variieren von Hersteller zu Hersteller. Welche Stufe Ihres Herdes der jeweils angegebenen Temperatur entspricht, entnehmen Sie bitte der Gebrauchsanweisung.

Backen mit Umluft

Alle Temperatur- und Zeitangaben im Buch beziehen sich aufs Backen mit Ober- und Unterhitze. Die entsprechende Umluft-Temperatur ist etwa 10 % geringer und ist in jedem Rezept in Klammern angegeben.

Abkürzungen

TL = Teelöffel
EL = Esslöffel
Msp. = Messerspitze

kcal = Kilokalorien

Impressum

© 2000 Gräfe und Unzer Verlag GmbH, München. Alle Rechte vorbehalten. Nachdruck, auch auszugsweise, sowie Verbreitung durch Film, Funk, Fernsehen und Internet durch fotomechanische Wiedergabe, Tonträger und Datenverarbeitungssysteme jeglicher Art nur mit schriftlicher Genehmigung des Verlages.

Einzelabdrucksrechte der Cartoons
von Peter Gaymann
© Cartoon Concept®, Hannover

Redaktion: Stefanie Poziombka, Katja Gross
Lektorat: Bettina Bartz
Layout und Umschlaggestaltung:
Andrea Schmidt (Wild at art)
Satz und Herstellung: Verlagssatz Lingner
Produktion: Helmut Giersberg/Maike Harmeier
Fotos: Michael Brauner S. 16, 26, 35, 43; Foodphotography Eising S.5, 7, 11, 12, 20, 25, 38, 52/53; Kai Mewes S. 8, 23, 29, 47, 51, 56/57, 58; Fotostudio R. Schmitz: S. 32; Fotostudio Teubner S. 15, 36, 40, 44, 54
Reproduktion: Repro Schmidt, Dornbirn
Druck und Bindung: Kaufmann, Lahr
ISBN 3-7742-2134-0

Auflage	5.	4.	3.	2.	
Jahr	04	03	02	01	00

Peter Gaymann

Geboren 1950 in Freiburg im Breisgau, gehört Peter Gaymann zu den erfolgreichsten deutschen Cartoonzeichnern. Seit seinem 1984 erschienenen Cartoonband »Huhnstage« sind die Hühner zu seinem Markenzeichen geworden. Seinen Zeichnungen und Drucken wurden zahlreiche Ausstellungen gewidmet, sie erscheinen regelmäßig in Zeitschriften wie der BRIGITTE, Gong, verschiedenen Kochzeitschriften und vielen anderen. Gaymann lebt, nach einem mehrjährigen Aufenthalt in Rom, als freier Zeichner und Grafiker in Köln.